Chérie Davy Mbitika Bansimba

Jette l'Or dans la Poussière

Chérie Davy Mbitika Bansimba

Jette l'Or dans la Poussière

Éditions Croix du Salut

Imprint

Cover image: www.ingimage.com

Publisher:
Éditions Croix du Salut
is a trademark of
Dodo Books Indian Ocean Ltd., member of the OmniScriptum S.R.L Publishing group
str. A.Russo 15, of. 61, Chisinau-2068, Republic of Moldova Europe
Printed at: see last page
ISBN: 978-620-3-84167-1

Dédicaces :

Je béni Dieu pour sa bonté et sa grâce en ma faveur.

Je dédie ce livre premièrement à ma charmante et tendre épouse, la sœur Merline Diane FOULOU ITAGO qui surtout a beaucoup contribué à la réalisation de cette oeuvre par son intention, sa motivation et le moral de toujours m'encourager, à faire plus.

Dédicace à mon visionnaire, le Prophète Stéphane MAKOSSO pour son soutien et ses encouragements.

Préface

Jette l'or dans la poussière est une révélation de Dieu pour son peuple qui est toujours resté ignorant à ne qu'écouter la parole sans recevoir de celle-ci un impact matériel, financier, spirituel ou physique.

Nous avons compris que Dieu nous a établis pour être un peuple qui veille au salut de tous ceux qui n'ont pas la maitrise ou qui ne comprennent le sens de la parole qui a été annoncée pour le changement de quiconque croit en cette parole. C'est pourquoi, par la grâce du Seigneur, la **Voix de Dieu Editions**, lance une activité apostolique des fils de l'église **M.R.J.D**, une Congrégation nationale que nous prions d'ailleurs qu'elle soit internationale au service de l'évangélisation dans le monde.

Cette vision est le fruit qui fera à ce que le chrétien soit libre à véhiculer le message du Royaume sans inquiéter. Comme de nos jours l'audio-visuel semble prendre la place du livre, nous savons tous que plus de 25% de la population du monde se laissent confronter au problème d'électricité et trouve difficilement l'occasion d'avoir un poste téléviseur pour suivre l'évangile.

C'est pourquoi, Dieu nous a révélé par le moyen d'écriture sinon du livre de faire passer son message à tous ceux qui peuvent lire. Nous vous prions d'avoir le même sentiment que ceux qui ont la grâce de nous suivre par le canal de l'audio-visuel. N'oubliez pas que Dieu fait circuler la même **Onction** dans le livre comme dans l'audio-visuel. Il est juste question de croire à ce qui se dit et d'avoir la foi sur ce qu'on reçoit.

Que la grâce de Jésus Christ vous environne !

Faites toutes choses sans murmures ni hésitation. Philippiens 2v14

Car c'est Dieu qui produit en vous le vouloir et le faire, selon son bon plaisir. Philippines 2v13

Introduction

Plusieurs chrétiens se questionnent aujourd'hui du fait qu'ils ne vivent le secret de la richesse et de l'abondance. En effet, l'homme par son état ignore où se cache réellement la clé du succès.

Ainsi, pour ramener chacun dans la voie que Dieu nous a placé, il faut au préalable comprendre ce qu'il faut faire avant tout. Car beaucoup d'enfants de Dieu se sont perdus et ont toujours gardé une mauvaise interprétation au sujet de ce que Dieu par sa parole nous inscrit au sujet de donner.

De même, nous allons comprendre que celui qui s'engage au changement de la vie doit s'abandonner complètement sans retenir l'ignorance de sa poche. Comme d'ailleurs, l'homme doit faire preuve de connaissance afin de s'échapper de toutes sortes de pièges qui risquent de détruire sa vie.

Ainsi il est écrit *: mon peuple est détruit, parce qu'il lui manque la connaissance. Osée 4v6*

Telle est l'occasion pour toi qui lis ce message ; change la façon de vivre et crois en un seul Sauveur et Seigneur, Jésus Christ ; que je te présente mais, qui peut forcement te transformer. Que la grâce de Dieu aide toute personne à lire ce message afin que tout esprit qui vous conduira à la lourdeur et au sommeil pour ne bénéficier de l'**onction** de cette parole soit à l'écart au Nom de Jésus. Amen !

Aujourd'hui sonne la voix qui incite à savoir donner pour expérimenter la grande gloire de notre Seigneur. Par ces écrits frères, applique-toi à se rendre obéissant à l'instruction de Dieu afin que tu sois un à témoigner sa bonté.

Mettez-moi de la sorte à l'épreuve, Dit l'Eternelle des armées. Malachie 3v10

L'application à la parole de Dieu rend riche les enfants de Dieu. Toutes fois il faut comprendre que Dieu lance un défi qu'il faut parier pour vivre la vérité. Souvent, l'homme se lance dans des paris futiles qui ne donnent vie comme : les matchs de foot, les jeux..., il met en jeu les objets des valeurs qui souvent entraines aux guerres et conflits. Mais ce qui n'est pas le cas avec Dieu. Lorsque Dieu pari, il le réalise. Mieux vaut donc parier avec Celui qui tient sa promesse qu'avec un insensé.

Comment un cultivateur pense devenir riche s'il ne cultive rien ? Or, la loi est la même. On ne peut jamais récolter le blé dans un champ que l'on n'a pas semé le blé. A vous que cette parole est adressée ; frères, faites en sorte que la malédiction de la pauvreté libère vos maisons parce qu'il vous est révélé le secret de la bénédiction. Je sais que plusieurs d'entre vous ont reçu de façon direct ou indirect les enseignements de savoir donner, mais par leurs caractères incrédules ne voient aucun changement. Ils sont restés bornés qu'à écouter au lieu de faire. Or la parole dit :

Lorsqu'un homme écoute la parole du royaume et ne la comprend pas, le malin vient et enlève ce qui a été semé dans son cœur. Matthieu 13v19

Ces genres de cas sont visibles. Souvent ces personnes rencontrent en leurs chemins ceux qui viennent les tromper avec des paroles simulant être vraies comme: vous enrichissez juste vos pasteur ; est-ce l'argent que vous donnez part à Dieu ? Et d'autres exagèrent en disant même que donner la dîme c'est permettre au pasteur de connaitre votre revenu. Ces paroles influencent et sont à l'origine de chutes de beaucoup des jeunes bien-aimés qui n'ont pas encore de fondements ainsi que de la connaissance à la parole de Dieu. Peu importe ce que l'insensé dira, Dieu le Maître de tout connait le revenu de chacun.

J'aimerai souligner un fait, nous faisons ce qui est dit et non ce que nous disons. Ainsi donc, devons-nous contredire les Saintes Ecritures ou se soumettre ? Il n'y'a aucune bénédiction lorsque nous désobéissons à la parole de Dieu.

L'obéissance

Il y'a une chose que les chrétiens doivent savoir, lorsqu'on donne à Dieu quelque chose qui est impossible, Lui à son tour fait la même chose. Il donne ce que l'on ne peut imaginer ; ce qui ne peut être compté ni réalisé par l'homme.

L'obéissance ouvre une porte à la bénédiction. Elle est la clé de toute chose. Si obéir c'est faire sans hésitation une tâche que l'on soumet à l'homme, il est donc important que l'homme sache qu'il est celui que Dieu soumet cette tâche d'obéir.

Je te bénirai et je multiplierai ta postérité, comme les étoiles du ciel et comme le sable qui est sur le bord de la mer ; et ta postérité possédera la porte de ses ennemis. Toutes les nations de la terre seront bénies en ta postérité, parce que tu as obéi à ma voix. Genèse 22v17-18

L'obéissance d'Abraham ouvre pour lui une porte du succès et un exaucement au monde. C'est dire donc que, le savoir donner est la clé de toute chose, aussi, l'orientation à ce qui est caché.

Appel à une autre dimension

Beaucoup d'entre nous ont fait l'expérience en restant fidèle à Dieu. J'ai pu comprendre par l'ancienneté et la grâce que j'ai reçue de la part du Seigneur que, l'exaucement et le succès sont deux choses qu'un chrétien doit distinguer. Dieu exauce nos prières par diverses façons : Il protège la famille du danger pour nous permettre d'espérer en Lui et de demeurer dans sa présence.

Lorsque Dieu détruisit les villes de la plaine, il se souvint, d'Abraham ; et il fit échapper Lot du milieu du désastre, par lequel il bouleversa les villes où Lot avait établi sa demeure. Genèse 19v29

L'exaucement de ta prière peut être la délivrance de ta famille ou l'accomplissement d'une promesse, voire la grâce de Dieu à des situations difficiles.

Par exemple, Dieu a exaucé Abraham en lui donnant Isaac. Ceci n'est pas le succès qu'Abraham attendait.

L'Eternel se souvint de ce qu'il avait dit à Sara, et l'Eternel accomplit pour Sara ce qu'il avait promis. Sara devint en ceinte, et elle enfanta un fils à Abraham dans sa vieillesse, au temps fixé dont Dieu lui avait parlé. Abraham donna le nom d'Isaac au fils qui lui était né, que Sara lui avait enfanté. Genèse 21v1-3

Tout ceci n'est que l'exaucement de tout ce que Dieu fit à son serviteur. Comparé à Anne qui elle aussi a été exaucée par Dieu en lui donnant Samuel. De même à Zacharie...

Il y avait un homme ... il avait deux femmes, dont l'une s'appelait Anne, et l'autre Peninna ; Peninna avait des enfants, mais Anne n'en avait point. 1Samuel 1v1-2

Nous pouvons comprendre par-là que, Dieu exauce ceux qui le prient avec persévérance. Exaucer une prière n'est pas le succès que Dieu nous promet.

Vivre le succès

Il sied de comprendre frères que, nous sommes les propres coupables de tout ce qui ne marche pas dans nos vies. L'homme est destiné vivre le succès surtout lorsqu'il sert Dieu avec détermination et obéissance. Le premier fruit souvent est agréable à manger. Cependant, il faut savoir que la foi sans les œuvres est une foi morte et qui n'aboutisse à rien. Un chrétien est déterminé par sa foi lorsqu'il manque et cherche secours à Dieu. L'essentiel n'est pas ce que Dieu veut de nous. Il nous veut au contraire le total.

Mettez-moi de la sorte à l'épreuve, Dit l'Eternel des armées. Et vous verrez si je n'ouvre pas pour vous les écluses des cieux, si je ne répands pas sur vous la bénédiction en abondance. Malachie 3v10

Dieu nous veut des grandes choses, ne nous limitons pas seulement à une chose, à une bénédiction. Faisons la volonté de Dieu pour réussir à tout égard.

Vivre le succès oblige à l'attachement à Dieu, à sa parole et surtout à l'obéissance. Attache-toi donc à Dieu, et tu auras la paix ; Tu jouiras ainsi du bonheur. Dit l'Eternel.

Anne a compris le secret de l'attachement et elle a eu la paix des toutes les injures et s'est réjouis du bonheur.

Dans le cours de l'année, Anne devint en ceinte, et elle enfanta un fils, qu'elle nomma Samuel, car dit-elle, je l'ai demandé à l'Eternel. 1 Samuel 1v20

C'est dire que, l'attachement à la parole de Dieu produit un impact positif dans la vie de celui ou celle qui s'y tient. L'homme n'est pas seulement récompensé au temps convenable, mais aussi, au moment où tous doivent reconnaitre la puissance du Dieu qu'il serre. C'est pourquoi il produit l'impact sur tous les plans. Faire ce que Dieu dit est d'ailleurs là l'attachement que je parle. Etre reconnaissant à ce que l'on promet à Dieu et l'accomplir favorise l'accès au succès.

Or, beaucoup d'enfants de Dieu ne comprennent l'influence qu'un vœu représente dans nos vies. Le vœu peut ouvrir comme peut maudire l'homme lorsque celui- ci ne l'accomplit.

Et l'amertume dans l'âme, elle pria l'Eternel et versa des pleurs. Elle fit un vœu, en disant : Eternel des armées ! Si tu daignes l'affliction de ta servante, si tu te souviens de moi et n'oublies point ta servante, et si tu donnes à ta servante un enfant mâle, je le consacrerai à l'Eternel pour tous les jours de sa vie, et le rasoir ne passera point sur sa tête. 1 Samuel 1v10-11

Le respect du vœu

Le principe de Dieu oblige au respect des vœux. De nos jours, le chrétien ne respecte plus le vœu et pense que Dieu pour faire a besoin d'entendre les paroles remplient d'hypocrisie qu'il prononce. J'ai été avant insensé car, je croyais que dire ce que je ne pourrai faire devrait ramener le bonheur dans ma maison et dans ma vie. Cependant, j'ignorai que c'était le pire blocage de ma vie que je louais.

Respecter son vœu, c'est vivre la puissance du bonheur et du succès que Dieu a promis. Le bonheur de Anne ne s'est pas reposé sur Samuel mais, elle a vécu le bonheur en réalisant le vœu qu'elle a faite à Dieu tout en lui donnant Samuel comme offrande ; et en recevant de Dieu plus que ce qu'elle n'attendait.

Quand elle l'eut sevré, elle le fit monter avec elle, et prit trois taureaux, un épha de farine, et une outre de vin. Elle le mena dans la maison de l'Eternel à Silo : l'enfant était encore tout jeune. Ils égorgèrent les taureaux, et ils conduisirent l'enfant à Eli. Anne dit : Mon seigneur, pardon ! Aussi vrai que ton âme vit, mon seigneur, je suis cette femme qui me tenais ici près de toi pour prier l'Eternel. C'était pour cet enfant que je priais, et l'Eternel a exaucé la prière que je lui adressais. Aussi je veux le prêter à l'Eternel : il sera toute sa vie prêté à l'Eternel. Et, ils se prosternèrent là devant l'Eternel. 1 Samuel 1v24-28

L'exécution appelle le bonheur et le succès. En exécutant le vœu, Dieu agit et accorde la paix que le monde cherche. Donner à Dieu, c'est garantir son présent et son futur. La parole de Dieu nous dit qu'il faut donner afin de plus recevoir. Cette parole est la vérité absolue. L'expérience m'a démontré une fois que je me suis mis à appliquer cette parole. J'étais celui qui n'aimait pas partager ou donner à Dieu ; le diable m'avait tant aveuglé. Et, toutefois que je voyais les gens offrir les dons, les actions de grâce et autres à Dieu, mon raisonnement m'avait convaincu qu'ils gaspillaient leurs biens.

Plus je dépensais dans des choses inutiles (femmes, ambiances, impudicité...), mieux je n'avais la maitrise de gérer l'argent ainsi, je m'appauvrissais. Je sais que certaines personnes sont encore dans ce joug ; convertis ou non convertis. Mais je vous prie de prendre conscience du mauvais chemin que vous empruntez. Le but du diable c'est de vous rendre dans une servitude que vous ne pouvez savoir si Dieu ne vous éclairci. Ecoute les instructions de Dieu frère. Tu donnes à Dieu et non aux hommes. Jésus Christ dit, qu'à chaque fois que nous faisons du bien à quelqu'un, c'est à Lui-même que nous le faisons.

... Je vous le dit en vérité, toute fois que vous avez fait ces choses à l'un de ces plus petit de mes frères, c'est à moi que vous les avez faites. Matthieu 25v31-40

N’aie plus peur de donner la chose la plus agréable que tu as ; c’est de là que viendra ton succès.

Jette l’or dans la poussière, ... Et le Tout-Puissant sera ton or, ton argent, ta richesse. Job 22v24-25

C’est sur cette obéissance que tu verras le succès. Rien ne se fait au hasard. Dieu veut que ce qu’il y’a des plus précieux chez l’homme soit enterré, afin que Lui-même prenne soins de l’homme. Il ne peut pas faire si l’homme ne lui permet de faire. Jeter l’or c’est donner quelque chose de plus précieux que l’on possède mais qui n’appartient pas à Dieu.

Pour les riches chrétiens, Dieu demande de respecter les vœux : donner la dîme, faire face aux orphelins et aux veuves. Ceci ouvrira le bonheur que tant vous cherchez. Si vous demeurez les mêmes en appliquant tout ceci, faites donc un rétrospectif de votre marche avec le Seigneur ; revoyez votre marche avec Christ.

Jeter l'or, c'est abandonner le mal. Tu n'es pas fait pour être prostitué ma sœur ; tu ne dois pas être esclave du sexe. Tu n'es pas fait pour demeurer dans cette vie de débauche et de criminalité mon frère. Aujourd'hui tu te dis peut-être que cette vie te facilite mais, as-tu pensé à ton lendemain ? Je te montre un secret pour vaincre l'ennemi qui te combat et qui ne veut que Dieu accomplisse sa mission pour toi. Laisse-moi te dire que la prostitution est un chemin qui doit te pousser de mieux raisonner si la vie que tu as vaudra celle que Christ t'a réservé. Mesure juste la souffrance que tu subis en faisant ce travail. Il suffit juste de décider sur ta vie et tout sera changé car tu n'es pas esclave du péché. Jette l'or ma fille, Dieu a plus que ça.

A tes résolutions répondra le succès. Job 22v28

Ecoute cette histoire, il fut une époque où l'Eternel Dieu décida de sortir les enfants d'Israël du pays d'Egypte où ils furent esclaves et soumis à des lourd travaux. Du moment où ils fussent sortis pour conquérir le pays de Canaan, il se trouvait un problème, car ce n'était pas un pays sans habitations. Les gens habitèrent toutes les villes en particulier la ville de Jéricho. Un jour, cette même ville citée a été espionnée par deux des enfants d'Israël. Il se trouvait dans la ville une femme prostituée. L'histoire que je te raconte, ce n'est pas la conquête de la ville, plutôt, la transformation de la femme prostituée à la femme que nous voyons aujourd'hui. Cette femme a accepté conservé le salut en recevant les hommes qui étaient envoyés. Il est de même pour toi ; aujourd'hui Christ veut que tu lui reçoives dans ta maison ; la femme n'a pas voulu rester dans sa situation, elle a gardé le calme et a reçu dans sa demeure les hommes. Il est semblable aussi à un homme qui veut recevoir les instructions de Dieu ; nous devons accepter la parole et la gardé afin qu'elle ne soit pas volée. Cette femme a jeté son propre or pour recueillir ce que Dieu lui offrirait ; elle a compris que son or n'avait pas de la valeur devant l'or de Dieu. D'où elle avait besoin du salut de ce qu'elle n'avait ni ne pouvait avoir sans l'aide de l'Eternel. Elle reconnue que si Dieu a donné aux enfants d'Israël le pays, il peut également lui sauver. Ce que tu possèdes ne peut jamais te sauver. Ce qui sauve c'est ce que l'Eternel donne.

Que cette parole ne retourne pas de ta maison, cherche à la saisir. Toi aussi tu lis ce livre, tu as plein pouvoir de changer ta vie en reconnaissant que celui qui est capable de tout est de même ton Dieu, Jésus-Christ. Jette juste l'or et le Seigneur deviendra ce dont tu cherches et tu as besoin. C'est lui qui change les statuts et donne de la valeur sur celui qu'on ignore. Il fait briller le chemin qui hier personne ne passait.

Je sais que les critiques sont énormes, mais moi je te dis : n'aie peur de personne pour ta résolution ; Dieu est le seul salut dont tu as besoin.

L'Eternel est ma lumière et mon salut : De qui aurai-je crainte ?

Il te suffit d'être déterminé. Fermez les yeux pour ceux qui ne vous veulent réussir. De même, n'ayez pas peur pour vos résolutions car c'est de là que viendra le succès.

Heureux tout homme qui craint l'Eternel, qui marche dans ses voies ! Tu jouis alors du travail de tes mains, Tu es heureux, tu prospères. Psaumes 128v1-2

Tu seras toujours heureux lorsque tu marcheras avec Christ. Ainsi, tu jouiras de tout ce que tu feras dans la présence du Seigneur. La prière certes appelle la bénédiction mais, l'accomplissement du vœu amène le bonheur et le succès. Accomplir le vœu, c'est obéir à l'engagement fait à Dieu. Et obéir à l'engagement, c'est permettre à Dieu d'être un soutien pour l'homme au moment de l'humiliation.

Dieu secourt celui dont le regard est abattu. Si c'est ton cas, permets-moi d'être celui qui peut te conduire dans la bonne direction. La femme adultère a trouvé grâce auprès du Seigneur malgré ses défauts. Viens te jeter devant Christ et ta vie sera transformée. C'est de cet or que je te parle toi qui marche toujours avec double identité. Pour toi qui ne sais quoi faire, voire quoi dire, il te suffit de dire : me voici Seigneur je te donne ma vie. Abandonne ton or aux pieds de Dieu.

Alors s'étant relevé, et ne voyant que la femme, Jésus lui dit : femme, où sont ceux qui t'accusaient ? Personne ne t'a-t-il condamnée ? Elle répondit : Non, Seigneur. Et Jésus lui dit : je ne te condamne pas non plus : va, et ne pèche plus. Jean 8v10-11

Qui donc peut nous condamner sur là où Dieu nous béni ? Si Dieu nous dit de jeter l'or ou d'accomplir le vœu, quelle est cette pensée qui peut nous rendre aussi insensé et qui peut nous retenir. Expérimenter le succès, c'est d'abord accomplir les vœux que l'homme fait à Dieu.

...afin que tu craignes l'Eternel, ton Dieu, en observant, tous les jours de ta vie, toi, ton fils, et le fils de ton fils, toutes ses lois et tous ses commandements que je te prescris, et afin que tes jours soient prolongés. Tu les écouteras donc, Israël, et tu auras soin de les mettre en pratique, afin que tu sois heureux et que vous multipliez beaucoup, comme te l'a dit l'Eternel, Dieu de tes pères, en te promettant un pays où coulent le lait et le miel. Deutéronome 6v2-3

Respecter le vœu, c'est respecter la loi établie par Dieu. Il nous faut mettre à cœur frères, que Dieu n'a aucune intention de nous asservir. Il éduque au contraire l'homme afin que ce qui est pour nous nous soit accordé.

Que la voix du Seigneur se laisse entendre par ceux qui ont soif du changement qu'ils ne verront faillir. Un changement des pères aux fils est disponible lorsqu'on obéit et serre l'instruction sans murmure.

Et ces commandements, que je te donne aujourd'hui, seront dans ton cœur. Tu les inculqueras à tes enfants, et tu en parleras quand tu seras dans ta maison, quand tu iras en voyage, quand tu te coucheras et quand tu te lèveras. Tu les lieras comme un signe sur tes mains, et ils seront comme des fronteaux entre tes yeux. Tu les écriras sur les poteaux de ta maison et sur tes portes. Deutéronome 6v6-9

Hier j'ai marché dans la voie de ceux qui m'écartaient de Dieu ; et aujourd'hui par la puissance du témoignage je me suis libéré d'eux. Si vous traversez la même réalité, avouez et délaissez ces personnes ainsi, Dieu vous relèvera et vous vivrez sa grâce.

Celui qui cache ses transgressions ne prospère point, mais celui qui les avoue et les délaisse obtient miséricordes. Proverbes 28v13

Lorsque nous accomplissons nos vœux, nous garantissons par-là nos biens. N'est-il pas dit frères :

Qu'il y aura un abri pour donner de l'ombre contre la chaleur du jour, pour servir de refuge et d'asile contre l'orage et la pluie. Esaïe 4v6

Accomplir son vœu c'est donner l'occasion à Dieu d'être le gardien de tout ce que l'on fait. Dieu prend la peine de veiller à ce qu'il n'y ait des pertes. Mais ne pas associé Dieu dans ce qui nous appartient, c'est, s'exposer au danger.

Si l'Eternel ne bâtit la maison, ceux qui la bâtissent travaillent en vais ; Si l'Eternel ne garde la ville, celui qui la garde veille en vain. Psaumes127v1

Cependant, la ville c'est toi, la maison c'est toi ; nous sommes une ville située sur une montagne et une maison dont vit l'Esprit de Dieu. Ainsi nous parle le

Seigneur Jésus Christ. Offrir à Dieu, c'est garantir tout ce que l'on possède. Ne pas donner l'accès à l'ennemi de remettre à zéro ce que nous espérons.

Jeter l'or dans la poussière c'est également donner ce que tu as auprès de ceux qui en manquent. Les actes sociaux peuvent également conduire à la vie éternelle.

Hier c'était impossible pour moi de savoir que même un geste de bonne volonté pourrait m'accéder au ciel. A toi qui possède ce don, je t'exhorte à plus encore. Il n'y a pas de vrai secret pour mieux décoller dans les affaires si ce n'est avoir l'habitude de visiter ceux qui n'ont rien (Orphelins, veuves...)

Et voici, un homme s'approcha, et dit à Jésus : Maître, que dois-je faire de bon pour avoir la vie éternelle ?(...) Jésus lui dit : Si tu veux être parfait, va, vendes ce que tu possèdes, donne-le aux pauvres, et tu auras un trésor dans le ciel. Puis viens et suis-moi. Matthieu 19v16-21

Celui qui a pitié du pauvre prêtre à l'Eternel, Qui lui rendra selon son œuvre. Proverbes 19v17

Ceci dit, observer toutes les lois et ne pas tenir main aux pauvres freine l'homme de tout ce qu'il fait. Voire, l'empêche l'accès à la vie éternelle. Le diable n'a accès qu'au trésor terrestre ; voilà pourquoi il attaque et détruit tout ce que l'homme fait sans la protection du Tout-Puissant.

Par contre, Dieu, lui a une richesse pour tous ceux qui investissent dans son trésor. Ne vous y trompez pas, tout ce qu'un homme sème, il le moissonne. Celui qui sème dans le monde récolte du monde la déception ; car le diable donne par la main droite, et récupère par la gauche. C'est un flatteur qui dépend à ceux qui n'ont pas la connaissance. Il appauvrit tous ceux qui embrassent son chemin. C'est un voleur. Cependant, le voleur ne résout rien.

Le voleur ne vient que pour dérober, égorger et détruire ; moi, je suis venu afin que les brebis aient la vie, et qu'elles soient dans l'abondance. Jean 10v10

Je prie que Dieu te visite en lisant ce texte, et qu'il t'ouvre les yeux. Il y a longtemps que tu es resté aveuglé, mais la gloire de Dieu est là et sa lumière t'éclaire pour que tu comprennes que seul lui qui donne la liberté que l'homme recherche (liberté sur tes finances qui se fondent, sur tes affaires qui ne marche plus, et que le diable a lié, la liberté sur ton ministère qui est toujours sec)

Je suis la porte. Si quelqu'un entre par moi, il sera sauvé ; il entrera et il sortira, et il trouvera des pâturages. Jean 10v9

Je t'invite frère à faire le premier pas. Essaie l'expérience en associant dès maintenant Dieu sur tout ce que tu entreprends. Je suis vivant lorsque j'écris ceci, et mon témoignage est également vivant. Dieu a des bons projets pour quiconque qui le cherche, l'invoque et l'honore. De même pour celui qui se confie à lui.

Car je connais les projets que j'ai formés sur vous, dit l'Eternel, projets de paix et non de malheur, afin de vous donner un avenir et de l'espérance.

Il te manque un secret pour vivre le succès. C'est que tu dois prier Dieu ; or, prier Dieu, c'est l'associer sur ce que tu fais.

Vous me prierez, et je vous exaucerai. Jérémie 29v12

Dieu deviendra un abri pour ceux qui voudront l'associer et travailler avec lui.

Pour vous je menacerai celui qui dévore, et il ne vous détruira pas les fruits de la terre, et la vigne ne sera pas stérile dans vos campagnes, Dit l'Eternel des armées. Malachie 3v11

Voyez comment il est bon de jeter l'or dans la poussière. Comment protéger notre richesse et marcher dans l'assurance. Jette maintenant ton or.

Prier pour sa descendance

Faire bénéficier l'héritage à ses enfants.

Un témoignage reçu dans mon église où je serre Dieu : un pasteur avait la grâce de conduire. Dieu lui avait vraiment béni pour son poste qu'il occupait au sein d'une société pétrolière où il travaillait. Souvent pendant les cultes, il interdisait aux fidèles de partager à Dieu. Pour lui, il se disait que les enfants peut-être n'ont rien et il prenait tout engagement. Au finish, le résultat était négatif ; du fait que l'église est demeurée dans une pauvreté totale. Aucun enfant n'avait eu la grâce de travailler. Tout était stérile. Alors, Dieu dans son amour, un jour, envoya un autre pasteur qui, par le canal de son serviteur il avait mis la parole de bénédiction. L'homme de Dieu enseigna sur le secret de donner et de la dîme d'hommage, il constatait que l'église était vraiment sèche. Après la mise en application de la parole prêchée, l'église a assisté à une transformation positive. Mais, aussi longtemps qu'il ne comprenait le savoir donner, l'église était vraiment stérile.

Ce témoignage m'a marqué et m'a poussé à vous le partager. Beaucoup d'hommes de Dieu aussi sont dans la même situation. Il faut observer premièrement l'église avant de voir votre situation. Si Dieu vous a béni, permettez aussi que ceux qui sont derrière vous reçoivent la bénédiction. Montrez aux enfants l'importance de donner et comment donner.

J'ai toujours prié pour mes enfants afin qu'ils sachent comment partager à Dieu ; et qu'ils aient leur part au ciel. Lorsque j'interdis à mes enfants l'offrande, je les appauvris sans le savoir. Chers pasteurs, peu-importe votre situation (la façon dont Dieu vous a élevé financièrement, matériellement, voire spirituellement), n'interdisez jamais à vos enfants (fils et filles) de donner ce qu'ils ont pour Dieu. Souvenez-vous de ce que le Seigneur Jésus avait dit au sujet de la femme qui n'avait que l'unique pièce.

Il y'a plus de joie à donner qu'à recevoir. Permettez que vos enfants donnent ce qu'ils ont pour Dieu. Ne leurs privez pas cette joie.

Donnez, et il vous sera donné : celui qui ne donne pas, ne reçoit pas. On versera dans votre sein une bonne mesure, serrée, secouée et qui déborde ; car on vous mesurera avec la mesure dont vous vous seriez servis. Luc 6v38

Mes enfants, comprenez par-là que donner à Dieu c'est une chose à ne pas ignorer. La loi est claire, lorsqu'on ne donne pas, on ne reçoit pas. Je sais que beaucoup d'entre vous sont sceptiques pour ces choses. Cependant, j'ai une ferme assurance que Dieu vous visitera pour vous permettre de comprendre afin que vous ne soyez pas hors de la grâce et de l'**onction** que ce livre partage.

Aussi, pour ne pas seulement parler de la dîme et des offrandes ; même les actes sociaux sont considérés comme faits positifs envers Dieu. visitez les pauvres si vous gardez toujours la conception que vous ne donnez pas à Dieu. Ne restez pas à ne agir ni sur la dîme, ni sur les aides sociales.

Celui qui a pitié du pauvre prête à l'Eternel, qui lui rendra selon son œuvre. Proverbes 19v17

Quelle est l'œuvre que tu fais pour que tu sois récompensé ? Mon fils, je prie que tu comprennes ces choses afin d'expérimenter la puissance du Dieu que tu serres. Tu te demandes comment le Seigneur te viendra en aide ! Une histoire : une femme veuve et son fils n'avait qu'une petite quantité d'huile et de farine ; pendant ce temps le pays était sec car Dieu avait frappé ceux qui servaient les dieux de baal. Soudain, Dieu envoya dans la maison de cette femme son serviteur, celui-ci lui demanda à manger, et la femme répondit : la quantité que j'ai ici ne suffira pas pour nous trois. L'homme insista qu'il fallait d'abord lui donner à manger ensuite, elle et son fils ne pouvaient manquer de quoi manger pendant la période de sécheresse.

Alors la parole de l'Eternel lui fut adressée en ces mots : Lève-toi, va à Sarepta, qui appartient à Sidon, demeure là. Voici, j'y ai ordonné à une femme veuve de te nourrir.il se leva, et il alla à Sarepta. Comme il arriva à l'entrée de la ville, voici, il y avait une femme veuve qui ramassait du bois. Il l'appela, et dit : Va me chercher, je te prie, un peu d'eau dans une vase, afin que je boive. Et elle alla en chercher. Il l'appela de nouveau, et dit : Apporte-moi, je te prie, un morceau de pain dans ta main. Et elle répondit : l'Eternel, ton Dieu, est vivant ! Je n'ai rien de cuit, je n'ai qu'une poignée de farine dans un pot et un peu d'huile dans une cruche. Et voici, je ramasse deux morceaux de bois, puis je rentrerai et je préparerai cela pour moi et pour mon fils ; nous mangerons, après quoi nous mourons. Elie dit : Ne crains point, rentre, fais comme tu as dit. Seulement, prépare-moi d'abord avec cela un petit gâteau, et tu me l'apporteras ; tu en feras ensuite pour toi et pour ton fils. (...) La farine qui était dans le pot ne manqua point, et l'huile qui était dans la cruche ne diminua point, selon la parole que l'Eternel avait prononcée par Elie. 1 Rois 17v8-16.

Il est difficile à un chrétien d'accepter de nos jours ce que Dieu nous dit, mais, il est bon d'obéir à l'épreuve. La condition de Dieu peut être effrayante, cependant, le résultat est toujours positif. Accepter ce que le Seigneur nous dit, c'est vivre l'impossible dans tous les plans. La promesse de Dieu est un or qui ne péri jamais.

Elie lui dit : Ne crains point, rentre, fais comme tu as dit. Seulement, prépare-moi d'abord avec cela un petit gâteau, et tu me l'apporteras ; tu en feras ensuite pour toi et pour ton fils. Car ainsi parle l'Eternel, le Dieu d'Israël : La farine qui est dans le pot ne manquera point. 1 Rois 17v13-14

Jette l'or que tu possèdes si tu veux vivre les miracles indéterminés de Dieu. Conserver ce que l'on a, c'est vivre dans le chao demain. Apportez à Dieu afin que vous ne manquiez de rien. Lorsqu'on accompli l'épreuve, Dieu aussi nous visite dans les épreuves.

Dieu a prouvé Abraham, et lui a récompensé dans une richesse qu'il n'a pu compter ni mesurer.

Après ces choses, Dieu mit Abraham à l'épreuve, et lui dit : Abraham ! Et il répondu : Me voici ! Dieu dit : Prends ton fils, ton unique, celui que tu aimes, Isaac ; va-t'en au pays de Morija, et là offre-le en holocauste sur l'une des montagnes que je te dirai. Abraham se leva de bon matin, sella son âne, et prit avec lui deux serviteurs et son fils Isaac. Il fendu du bois pour l'holocauste, et parti pour aller au lieu que Dieu lui avait dit. Genèse 22v1-3

L'exécution d'une épreuve produit le succès.

Après ces choses, le fils de la femme, maîtresse de la maison, devint malade, et sa maladie fut si violente qu'il ne resta de respiration ; il lui répondu : Donne- moi ton fils. Et il le prit du sein de la femme, le monta dans la chambre haute où il demeurait, et le coucha sur son lit(...).1 Rois 17-22

Voici ce que l'on reçoit lorsque nous obéissant à ce que Dieu nous dit. La femme, par son obéissance a eu grâce devant Dieu, et son fils a retrouvé la vie. De même pour Abraham. Dieu lui a béni selon ce qu'il a fait. C'est dire que, l'obéissance ouvre une porte. Dieu te bénira selon ce que tu as, et selon ce que tu fais.

Toutes les nations de la terre seront bénies en ta postérité, parce que tu as obéi à ma voix. Genèse 22v18

Accepte cette vérité. Jette l'or, c'est une épreuve certes, mais c'est de ta vie qu'il s'agit.

Aie une vision céleste

Tu ne jettes pas l'or pour ne point recevoir. Sache là où tu jettes premièrement.

Jésus dit : Si tu veux être parfait, va, vends ce que tu possèdes, donne-le aux pauvres, et tu auras un trésor dans le ciel. Matthieu 19v21

Où jettes-tu ton or ? Sur le long du chemin, parmi les épines ou sur les pierres ? Et pourquoi tu t'attends à une recompose. Ne sais-tu pas que celui qui sème pour sa chaire moissonnera de la chaire la corruption ; mais celui qui sème pour l'Esprit moissonnera de l'Esprit la vie éternelle.

Sache là où jeter l'or afin qu'il te soit rendu au centuple et qu'il te sert jusqu'à l'éternité.

Jette l'or dans la poussière, L'or d'Ophir parmi les cailloux des torrents ; Et le Tout-Puissant sera ton or, Ton argent, ta richesse. Job 22v24-25

N'amasse pas des trésors juste pour nourrir ton corps mais, pense au lendemain. A la vie éternelle.

Et il leur dit cette parabole : les terres d'un homme riche avaient beaucoup rapporté. Et il raisonnait en lui-même, disant : Que ferai-je ? Car je n'ai pas de place pour serrer ma récolte. Voici, dit-il ce que je ferai : j'abattrai mes greniers ; j'en bâtirai de plus grand, j'y amasserai toute ma récolte et tous mes biens ; et je dirai à mon âme : Mon âme, tu as beaucoup de biens en réserve pour plusieurs années ; repose-toi, mange, bois, et réjouis-toi. Mais Dieu lui dit : Insensé ! Cette nuit même ton âme te sera redemandée, et ce que tu as préparé, pour qui cela sera-t-il ? Il en est ainsi de celui qui amasse des trésors pour lui-même, et qui n'est pas riche pour Dieu. Luc 12v16-21.

Ceci ressemble à beaucoup des fils et filles de Dieu qui après avoir été bénis par Dieu, oublient toute sa grandeur et ne pensent qu'à eux-mêmes au lieu de soutenir Dieu sur tous ce qu'il nous prescrit.

Combien des Chrétiens qui ont vu la main puissante de Dieu dans leur vie, mais qui ne pensent qu'à leurs intérêts ? Un tel Chrétien ne doit attendre de Dieu la vie éternelle. Celui qui travaille pour lui-même acclame sa propre mort. Car tout ce que nous faisons sur terre, doit premièrement être pour la gloire de Dieu.

Il en est ainsi de celui qui amasse des trésors pour lui-même, et qui n'est pas riche pour Dieu. Luc 12v21.

Nombreux ont perdu la vie à cause de l'ignorance de ces choses et des faux témoignages des anti-christs. Ceux qui lisent sans révélation ni discernement la parole Sainte. Or, la lettre tue mais l'Esprit vivifie dit la parole. En lisant ce livre, commence à voir loin, ne t'arrête pas, et donc élargi ta vision ainsi mets au service du Seigneur tous tes biens. C'est avec le peu que tu donnes sans murmures que le Seigneur te visitera au temps convenable. Je ne te demande pas d'épuiser tes fonds. Mais, si le Seigneur te touche fais-le. En effet, qui suis-je pour t'interdire ce que Dieu te dit ? Au contraire, je t'exhorte de faire la volonté du Tout-Puissant. Sois obéissant aux moindres choses ainsi qu'aux grandes choses. Frère ne cherche pas à perdre ta vie parce que ces choses sont spirituelles. Souvent, nous accusons les sorciers tant disque hier nous avions eu une mauvaise conduite à l'égard du Seigneur. Ce que nous prêchions est pure vérité. A toi qui lis ce livre et qui ne veux se conformer aux règles de Dieu, je t'exhorte de lire sans faire justice car je connais de quoi Dieu est capable de te frapper en portant préjudice à son œuvre. S'il le faut, tu peux limiter ta vision à l'instant présent. Mais sache que, c'est le présent qui détermine ton lendemain. De même, à toi que cette parole a touché, aie une vision pour le lendemain. Pour l'éternité.

Aie une vision illimitée car les trésors de ce monde ont une fin.

Le mensonge source de malédiction et de mort

Mon fils, ma fille Dieu voit tout. N'ose pas mentir ton pasteur pour ce qui concerne la dîme ou d'autres actions en raison qu'il va connaitre ton revenu. Non seulement tu appelles la malédiction dans ton corps, aussi, tu loue ta mort. Le pasteur est juste un canal que Dieu a placé pour être à son service sinon, c'est à Dieu que tu donnes. Pourquoi peser ce que l'on doit donner à Dieu ? Les mensonges coûtent très chère devant Dieu.

Les enfants d'Israël commirent une infidélité au sujet des choses dévouées par interdit. L'Eternel dit à Josué : Lève-toi ! Pourquoi restes-tu ainsi couché sur ton visage ? Israël a péché ; ils ont transgressé mon alliance que je leur ai prescrite, ils ont pris des choses dévouées par interdit, ils ont dérobée et ont dissimulée, et ils les ont cachées par leurs bagages. Aussi les enfants d'Israël ne peuvent-ils résister à leurs ennemis ; ils tourneront le dos devant leurs ennemis, car ils sont sous l'interdit ; je ne serai plus avec vous si vous ne détruisez pas l'interdit du milieu de vous. Josué 7v1 ; 10-12.

Lorsqu'un enfant trompe Dieu, la colère de Dieu s'enflamme contre lui, et Dieu l'abandonne sur ce qu'il fait.

Je ne serai plus avec vous si vous ne détruisez pas l'interdit du milieu de vous. Josué 7v12.

Faire la volonté de Dieu, c'est donner avec un cœur ouvert sans douter au principe de Dieu. Dieu trouve gloire lorsque nous lui donnons sans mentir.

Josué dit à Acan : Mon fils, donne gloire à l'éternel, le Dieu d'Israël, et rends-lui hommage. Dit donc ce que tu as fait, ne me le cache point. Acan répondu à Josué, et dit : Il est vrai que j'ai pêché contre l'éternel, le Dieu d'Israël, et voici ce que j'ai fait. J'ai vu dans le butin un beau manteau de Schinear, deux cent sicles d'argent, et un lingot d'or du poids de cinquante sicles ; je les ai convoités, et je les ai pris ; ils sont cachés dans la terre au milieu de ma tente, et l'argent est dessous. Josué 7v19-22.

Celui qui cache à Dieu ce qui lui est réservé ne prospère point. Le mensonge appelle la malédiction. Il est source de mort.

Mais un homme nommé Ananias, avec Saphira sa femme, vendit une propriété, et retint une partie du prix, sa femme le sachant ; puis il apporta le reste, et le disposa aux pieds des apôtres. Pierre lui dit : Ananias, pourquoi Satan a-t-il rempli ton cœur au point que tu mentes au Saint-Esprit, et que tu aies retenu une partie du prix du champ ? Actes 5v1-3

Retiens que, chaque fois que tu fais un vœu sans l'accomplir, tu mens au Saint-Esprit. A ce sujet, Dieu dit :

Ni les voleurs n'hériteront le royaume de Dieu. 1 corinthiens 6v10.

Que penses-tu ? Ne pas obéir complètement à Dieu, c'est voler totalement Dieu. Toi qui ne respecte pas la dîme, les prémices ou quoi que ce soit qui appartenant à Dieu, tu vole Dieu. Ainsi, sache que ta vie restera stérile jusqu'à la fin de tes séjours sur terre. Voire jusqu'à l'éternité. C'est pourquoi, je prie que Dieu te fasse grâce afin d'être révélé sur ce que Dieu te dit à travers ce livre.

Femme ne participe pas à la malédiction de ton mari. Evite à ce que ton mari ne pêche. Tu es appelée à ne pas être insensé. Regarde comment Saphira a fini par retrouver la mort à cause du manque de discernement et de sagesse. Tu es appelé à orienter ton mari selon ce que le Seigneur dit. Par ton propre intérêt tu risques de vendre ta famille et de perdre ta vie. Ne complote pas avec ton mari au sujet de ce qui concerne Dieu. Associe-toi avec ton mari sur ce qui est bon aux yeux du Seigneur ; il y'a certaines femmes qui ne veulent pas voir leurs maris soutenir l'œuvre de Dieu, celles-ci lorsqu'elles voient les poches de leurs maris, elles sortent tous les problèmes qu'elles ont dans la maison juste pour empêcher l'homme de penser aux choses de Dieu. Sachez que vous contribué ainsi au malheur qui frappe vos foyers.

Environ trois heures plus tard sa femme entra, sans savoir ce qui était arrivé. Pierre lui adressa la parole :

Dis-moi, est-ce à un tel prix que vous avez vendu le champ ? Oui, répondit-elle, c'est à ce prix-là. Alors Pierre lui dit : Comment vous êtes-vous accordés pour tenter l'Esprit du Seigneur ? Voici ceux qui ont enseveli ton mari sont à la porte, et ils t'emporteront. Au même instant, elle tomba aux pieds de l'apôtre, et expira. Actes 5v7-10

Femme, ne permet pas que le diable touche ta maison. Tu es fait d'une grande grâce. N'empêche pas ton mari à faire le bien. Prie pour ton mari et pour tout ce qu'il fait. C'est là que Dieu te montrera un autre chemin plein de délice. Garde ton statut de model.

N'oublies pas ce que dit l'écriture à tes propos.

On peut hériter de ses pères une maison et des richesses, Mais une femme intelligente est un don à l'Eternel. Proverbes 19v14

Sois intelligent femme, reste éveillé pour garantir le bonheur.

Celui qui trouve une femme trouve le bonheur Proverbes 18v22

Sois ce modèle qui est dit dans les saintes écritures. Fais le bonheur de ta maison.

Pour Dieu je ferai tout

C'est ainsi qu'un chrétien doit parler. Faire tout pour Dieu, c'est faire sa volonté. Rien ne peut se faire sans amour pour Dieu ; car aimer Dieu c'est faire ce qu'il nous demande.

Que l'Esprit Saint de Dieu vous aide à accomplir ce que Dieu par sa parole vous dit. Et, toute fois que vous aurez des difficultés à accomplir vos vœux, courez à la prière ; vous aviez fait l'expérience de donner mais, vous n'aviez pas récolté. Tout simplement parce que vous étiez aveuglés par d'autres conducteurs qui vous ont interdit de donner en totalité ou qui n'ont pas été eux-mêmes un modèle pour vous concernant ces choses. Expérimentez cette parole et vous vivrez le succès.

Je prie d'ailleurs pour que le voile qui vous empêche de vivre la puissance de la parole de Dieu tombe ; et que commence un nouvel air dans le Nom de notre Seigneur Jésus. De même, je prie pour la restauration de vos projets. Laisse que l'**onction** de la richesse qui circule dans ce livre puisse vous localiser dès aujourd'hui. Et qu'elle produit un étonnement au sein de ceux qui vous contemple, pour que ce soit un moyen de ramener les enfants de Dieu dans la bonne direction. Ce n'est pas la volonté de l'homme qui compte dans les affaires de Dieu ; mais c'est sa volonté au contraire.

C'est pourquoi, Christ à la croix a dit : non pas ma volonté, mais ta volonté. Jeter l'or c'est faire ce que le Seigneur nous dit de faire. Faire premièrement la volonté de Dieu est ce qui pousse l'homme de jeter son or.

Frères, cherchons d'abord le royaume et la justice de Dieu. Il faut tout d'abord accomplir la volonté de Dieu dans notre vie lorsque nous voulons avoir le salut. Sachons que, ce n'est pas à cause de nos œuvres que nous allons être sauvé mais, à cause de l'œuvre que Christ a accompli à la croix ; jeter son or c'est tout simplement obéir à ce que Dieu te dii : jeter l'or c'est crucifier le vieil homme corrompu.

Fils accepte avec foi

Accepter c'est recevoir. Si tu crois tu seras sauvé.

La gloire de Dieu dans tes entreprises, ton commerce, tes affaires ne verra le jour que lorsque tu accepteras avec engagement la parole de Dieu. Ne freine pas la grandeur de Dieu du fait que tu limites ta foi. Nourris ta foi et tu seras surpris de l'**onction** de la richesse. Fructifie le peu que tu as en donnant avec foi à Dieu. Ecoute, mon fils, et pratique ce qui est bien devant le Seigneur et non devant les hommes. Ce que tu sèmes aujourd'hui n'est pas chair mais Esprit. Dans ton parcourt, beaucoup d'hommes ne te voudront surement pas du bien et feront tout pour t'empêcher d'écouter les principes qui te sont donnés. Ne désire pas ce que les méchants font. Chaque homme est destiné rendre selon ses œuvres, le travail fourni durant le temps de pèlerinage auprès du Créateur. Toi serre la foi et regarde de façon spirituelle ce que je t'enseigne et ce que le Seigneur nous dit pour vivre une double portion. Cherche la foi et libère là ; Christ doit être porté et mesuré selon la vision dont tu as pour ces commandements.

N'oublie pas que nous marchons par la foi et non par la vue. Pourquoi veux-tu perdre la foi pour les intérêts que le monde te présente ? Ce n'est pas ce que tu n'arrives à faire qui supprimera la divinité du Père, mais tu supprimes ce qui est bon pour toi ; ce que Dieu te donne à cause d'écouter et de faire ce qui n'est pas à toi.

Accepte avec foi et tu verras la main puissante de Dieu.

Paix et miséricorde sur tous ceux qui suivront cette règle, Galates 6v16

Les principes pour recevoir

Il existe deux principes pour recevoir, pour vivre le bonheur ainsi que pour réussir. Il faut avant tout, réaliser au préalable que le bonheur et la réussite sont deux choses sacrées que Dieu accorde à ceux qui craignent son Nom et respectent les principes. A cet effet, le bonheur repose sur deux choses à savoir :

I. Délaisser le péché et les mauvais amis

Heureux l'homme qui ne marche pas selon le conseil des méchants, qui ne s'arrête pas sur la voie des pêcheurs et qui ne s'assied pas en compagnie des moqueurs Psaumes 1v1

Plusieurs hommes qui sont la cause de destruction de la bénédiction dans la vie des enfants de Dieu pour leur mauvaise interprétation aux principes que l'Eternel établi afin de vivre sa main. Rassurez-vous que les mauvais amis vous empêcheront toujours de donner selon la façon dont votre cœur le désire.

Ne vous y trompez pas : les mauvaises compagnies corrompent les bonnes mœurs. 1 corinthiens 15v33

Pour un fils ou une fille que Christ a brisé, il est nécessaire de mettre à cœur que le péché n'appelle pas la faveur de Divine.

II. *Poser des actes positifs*

Le chrétien est appelé à poser les actes positifs comme d'ailleurs il nous a été enseigné au préalable : écouter Dieu dans sa loi, obéir à la parole et s'appliquer à celle-ci. L'obéissance produit une force dans le cœur. Lorsqu'on obéi Dieu nous tient dans l'épreuve et contre le tentateur.

Le voleur ne vient que pour dérober, égorger et détruire ; Jean 10v10

L'obéissance est l'un de principe qui fait réussir tout le plan de l'homme et appelle le dessein de Dieu dans la vie de celui-ci. C'est un aspect positif. Lorsque tu t'arranges à débarrasser tous ceux qui t'empêchent à réussir, c'est alors que viendra la protection de l'Eternel. C'est ainsi que tu seras semblable à un arbre planté près d'un courant d'eau. Cet homme ne verra jamais l'échec car tout ce qu'il fait est assuré par Dieu.

... Mais qui trouve son plaisir dans la loi de l'Eternel, Et qui la médite jour et nuit ! Il est comme un arbre planté près d'un courant d'eau, Qui donne son fruit en sa saison, Et dont le feuillage ne se flétrit point : Tout ce qu'il fait lui réussit. Psaumes 1v2-3

Le péché détruit les plans de Dieu dans la vie de l'homme mais, l'obéissance à la parole de Dieu renouvelle les desseins de Dieu dans notre vie.

Jette maintenant ton or selon la façon dont Dieu t'a visité en lisant ce livre. Tu as reçu la vérité en lisant ces enseignements. Heureux pour toi qui a fini de lire cette œuvre et qui a retenu quelque chose. Sache que toute fois que tu liras ceci, Dieu t'ouvrira les yeux et te montrera la vraie vérité.

Que personne ne vous séduise par des vains discours ; car c'est à cause de ces choses que la colère de Dieu vient sur les fils de la rébellion. N'ayez donc aucune part avec eux. Autrefois vous étiez ténèbres, et maintenant que vous êtes lumière dans le Seigneur. Marchez comme des enfants de lumière ! Car le fruit de la lumière consiste en toute sorte de bonté, de justice et de vérité. Examinez ce qui est agréable au Seigneur ; et ne prenez point part aux œuvres infructueuses des ténèbres, mais plutôt condamnez-les. Ephésiens 5v6-11

Frères, maintenant que vous avez su la vérité, laissez-vous vous guider par Dieu. Que le bonheur et la grâce de Dieu vous localisent en ce moment même que vous acceptiez cette parole au nom Puissant de Jésus Christ le Prince de l'univers tout entier !

Où cherches-tu ta richesse ?

Où cherches-tu ta richesse ? Dans le monde, la prostitution, le vol, le mensonge, la criminalité ? C'est la bénédiction de l'Eternel qui enrichi. Ne cherche pas le succès ailleurs. Ne retourne pas dans le monde et ses œuvres. Car l'affliction sera grande pour ceux qui retournent en Egypte.

Malheur à ceux qui descendent en Egypte pour avoir du secours, Qui s'appuient sur les chevaux, Et se fient à la multitude des chars et à la force des cavaliers, Mais qui ne regardent pas vers le Saint d'Israël, Et ne cherchent pas l'Eternel.

Lui aussi, cependant, il est sage, il fait venir le malheur, Et ne retire point ses paroles ;

Il s'élève contre la maison des méchants, Et contre le secours de ceux qui commettent l'iniquité. L'Egyptien est homme et non dieu ; Ses chevaux sont chair et non esprit. Quand l'Eternel étendra sa main, Le protecteur chancellera, le protégé tombera, Et tous ensemble ils périront. Esaïe 31v1-3

Sois prudent sur ces choses et applique-toi à les obéir afin que tu marches dans l'assurance sur ce que tu entreprends.

C'est pourquoi, quiconque entend ces paroles que je dis et les met en pratique, sera semblable à un homme prudent qui a bâti sa maison sur le roc. Matthieu 7v24

Enfin, c'est par ici que je m'épuise de vous écrire sur ce sujet. Quant à vous de saisir et de savoir qu'il y'a un bonheur qui se cache en donnant. Méfiez-vous des chiens et des mauvais ouvriers qui vous éloignent du bon chemin en vous privant de la joie que vous devriez avoir lorsque vous aurez confiance aux choses de l'Esprit.

Au reste, mes frères, réjouissez-vous dans le Seigneur. Je ne me lasse point de vous écrire les mêmes choses, et pour vous cela est salutaire. Prenez garde aux chiens, prenez garde aux mauvais ouvriers, prenez garde aux faux circoncis. Car les circoncis, c'est nous, qui rendons à Dieu notre culte par l'Esprit de Dieu, qui nous glorifions en Jésus Christ, et qui ne mettons point notre confiance en la chair. Philippiens 3v1-3

Que la grâce de Jésus Christ vous accompagne. Soyez béni !

A propos de l'auteur

De son vrai nom, **Chérie Davy Martinion MBITIKA BANSIMBA,** né dans le département du **Pool/ KIMBEDI**, précisément au Congo BRAZZAVILLE; Souvent appelé frère **Davy** ; s'est converti en Christ et s'intéresse à l'évangélisation en démontrant la grande puissance de **Jésus Christ,** son Amour et sa Bonté. Né d'une famille où quasiment la plupart de sa famille croit aux dieux noirs, est orphelin de mère dès l'âge de 2 ans et a reçu l'éducation de plusieurs mère en raison de son père qui était polygame. Il est invité en 2012 dans une église de Réveil où il ne se plonge pas en totalité mais, reconnait que **Jésus Christ** est le seul qui peut sauver sa situation. Ainsi, il entre en guerre contre son ignorance et lutte pour la délivrance de tous ceux qui subissent le même cas par le chemin de la croix que Christ a porté pour nous sauver. Plusieurs années ont écoulé; donc, il fait connaissance avec **l'Evangéliste Josué** de l'Eglise Ministère de Réconciliation et de la Justice de Dieu en sigle M.R.J.D en 2015; il accepte cette fois recevoir le Seigneur J**ésus** comme son Sauveur personnel et se fait baptiser en cette même année. Il demeure dans le cercle de l'Eglise où il reçoit la grâce de plusieurs hommes de Dieu qui lui poussent et l'encouragent dans l'œuvre de Dieu.

D'abord, il est formé, soutenu et encouragé par ses **Pères** et obtient la grâce de devenir prédicateur par le canal de son Prophète le visionnaire, **Stéphane MAKOSSO**.

Ensuite, il est nommé chef du département Administratif (secrétariat) et du département d'Intercession de l'église. Convaincu de l'amour qu'il a reçu des enfants de Dieu, il encourage et insiste à son tour de faire valoir l'amour comme une chose que chaque personne doit vivre. Ainsi, il souligne que, l'amour doit être sans hypocrisie et doit supporter l'autre quand bien même l'épreuve est amère. Il s'appui de l'amour que Dieu a manifesté en nous donnant son unique fils afin de mourir pour nous. C'est pourquoi, inspiré par le Saint-Esprit.

Il écrit **Penser et Réaliser l'Amour,** qu'il tarde à publier ; il écrit **Jette l'Or dans la Poussière** qui actuellement est publié par **la voix de Dieu,** en soutenant la parole que Christ a dit dans le livre de Luc où il dit aux disciples qu'il ne faut pas voir d'abord l'intérêt de l'homme mais de Dieu. Ainsi, il dit : cherchez premièrement le royaume et la justice de Dieu et tout vous sera donné par-dessus.

D'où cette parole : *Quiconque met la main à la charrue, et regarde en arrière, n'est pas propre au royaume de Dieu. Luc 9v62*

Remerciements

Merci à l'évangéliste **Patrice BAMBA** mon Père pour le grand travail qu'il a fait en jeûnant nuits et jours pour la réalisation de ce livre. Au Pasteur **Chancel KAGNA** des églises M.E.J. Au frère **Olivier KIPANGA** du groupe Shalom services. Au frère **Dieu Voulu MBITIKA BANZOUZI** pour le soutien spirituel, morale et physique. A l'évangéliste **Éloge BADINGA** de l'église M.E.J. A l'évangéliste **Yann** de l'église des Elus et au Berger **Barnabé** ainsi qu'à la Diaconesse **Antoinette**. Merci à tous ceux qui ont soutenu par les conseils, remarques et suggestions dans la présence du Seigneur. Au groupe la **Voix de Dieu** qui par la grâce de Dieu a donné naissance à cette œuvre. A tous les enfants **M.R.J.D** qui ont beaucoup intercédé pour que cette œuvre voie le jour. Merci à mon Pasteur **Jean Baptiste MABELE** et **Alphonse MABELE** des églises MRJD. Merci au frère Déo **Gracia Reich MALONGA MBITIKA** pour son travail de fond.

[i] Imprimerie la voix de Dieu/ Pointe-Noire République du Congo

Contacts : +242 06 98 80 228/ Email : cherdavybansimba@gmail.com

Facebook : la voix de Dieu Imprimerie

Table des Matières

Printed by Books on Demand GmbH, Norderstedt / Germany